EXPLOTA EL MARKETING DE CONTENIDOS PARA GANAR DINERO EN LÍNEA

Nundes Orosil

I0465637

Sommario

- CAPÍTULO 01 - MARKETING DE CONTENIDOS - ¿POR QUÉ ES NECESARIO?
- CAPÍTULO 02 - EL MARKETING DE CONTENIDOS ES CRUCIAL PARA VENDER - ¡ESTA ES LA RAZÓN!
- CAPÍTULO 03 - LA LOGÍSTICA Y LOS NÚMEROS
- CAPÍTULO 04 - CREAR EL CONTENIDO DE PRIMERA CLASE
- CAPÍTULO 05 - COMERCIALIZAR TUS CONTENIDOS
- CAPÍTULO 06 - ¿CÓMO CONSEGUIR MÁS CONTENIDO?
- CAPÍTULO 07 - HERRAMIENTAS Y RECURSOS PARA TU MARKETING DE CONTENIDOS
- CAPÍTULO 08 - EL CIERRE: RAZONES POR LAS QUE ES PERFECTO PARA TU ESTRATEGIA DE MARKETING

Capítulo 01 - Marketing de contenidos - ¿Por qué es necesario?

Si estás interesado en el marketing digital y en dar a conocer tu marca en Internet, es fundamental que sepas cómo utilizar correctamente el marketing de contenidos. El marketing de contenidos es actualmente una de las mayores tendencias del marketing digital como

y es un área en la que muchos propietarios de sitios web y marcas están invirtiendo mucho ahora mismo gracias a los impresionantes beneficios que están obteniendo.

Aunque no existe una "bala mágica" cuando se trata de dar a conocer tu marca y fomentar las ventas, el marketing de contenidos es quizá lo más parecido a tal noción y puede ayudarte a aumentar drásticamente tu visibilidad, así como tu autoridad y confianza.

Pero el marketing de contenidos es un término complejo y amplio que engloba una serie de estrategias y actividades diferentes. Para que tenga éxito, necesitas comprender bien qué es, cómo funciona y cómo puedes adaptarlo mejor para que funcione con tu marca en particular.

Lo que es más, necesitas saber hacia dónde se dirige el marketing de contenidos en un futuro próximo y cómo puedes asegurarte de que el trabajo que realizas ahora siga dando dividendos durante mucho tiempo. Para todo eso y más, sigue leyendo. Lo que aprenderás en este libro es cómo funciona el marketing de contenidos, por qué es crucial para tu negocio y cómo aprovecharlo de forma que transforme por completo tu éxito.

Recibirás una fórmula de marketing de contenidos *completa* que podrás adaptar a tu propia marca y que podrás utilizar para construir una inmensa autoridad y una enorme lista de lectores. Una vez que puedas utilizar plenamente este aspecto clave de tu marketing, descubrirás que te ayuda a crear algo que es mucho más grande que una simple marca. Te conviertes en un *movimiento*. Y así es como alcanzas la máxima medida del éxito.

¿Qué es el marketing de contenidos?

Antes de adentrarnos más en el tema, por supuesto tiene sentido preguntarnos simplemente: ¿qué *es el* marketing de contenidos?

Es posible que ya conozcas el término, pero te pido que tengas paciencia conmigo por si hay aspectos de la definición que se te hayan escapado.

En su forma más básica, el marketing de contenidos es el proceso de utilizar contenidos para comercializar un sitio web. Esto significa que *podrías* considerar el SEO como una forma de marketing de contenidos, en la medida en que estás creando contenidos que Google podrá indexar. De este modo, tu contenido está haciendo que tu sitio sea más fácil de encontrar y, por tanto, es una forma de marketing.

El marketing de contenidos también puede considerarse un aspecto crucial del marketing en redes sociales. La mayoría de las estrategias de marketing en redes sociales implican compartir publicaciones y enlaces en Facebook, Twitter e Instagram y, muy a menudo, éstos incluir contenido que esté en la propia página web de la marca. Echa un vistazo a la popularísima página de Facebook IFL Science. Esta página publica principalmente noticias científicas compartiendo entradas de blog de su propio sitio web. De este modo, hacer "Me gusta" en la página proporciona a los lectores un flujo constante de información interesante y, como resultado, ayuda a conseguir más "Me gusta".

Pero el objetivo del marketing de contenidos va más allá de llevar gente a tu sitio web. Todos estos usos de los contenidos demuestran un hecho clave: Internet funciona con contenidos. La *razón por la* que la gente busca temas en Google es porque busca información o entretenimiento. Ambas cosas son ejemplos de *contenido*.

Al llenar tu sitio web de grandes publicaciones, estás dando a la gente una razón para que les guste tu página de Facebook. Y lo que es más, estás dando a Google una razón para añadirte a sus resultados de búsqueda. Google quiere emparejar a sus visitantes con los mejores sitios y recursos de la web. Al hacerlo, es capaz de proporcionar valor y eso es lo que hará que la gente vuelva.

Pero si tu sitio está repleto de grandes contenidos, también estarás dando a la gente una buena razón para ir *directamente* a tu sitio. En otras palabras, un marketing de contenidos suficientemente bueno acabará eliminando al intermediario. Un marketing de contenidos suficientemente bueno animará a los visitantes a marcar tu sitio como favorito y a visitarlo regularmente como parte de su rutina para ver qué nuevas publicaciones has subido y qué más pueden aprender.

En otras palabras, estás llenando tu sitio de valor.

Una vez que alguien visita tu sitio directamente y sin ser incitado a hacerlo por un anuncio o por Google, entonces ha evolucionado más allá de ser un simple visitante. Ahora es un fan. Eligen activamente comprometerse con tu marca, por lo que debe gustarles realmente el tipo de contenido que ofreces, tu estilo de escritura o el tema que tratas.

Esto lleva tu sitio a un nivel completamente diferente y eso ni siquiera es toda la historia...

Capítulo 02 - El marketing de contenidos es crucial para vender - ¡Esta es la razón!

Pero el marketing de contenidos no sólo te asegura una mayor fidelidad y te proporciona una gran audiencia a la que vender: también te da más impacto y autoridad.

Piensa en tu famoso favorito. Alguien a quien realmente admires, cuyo trabajo admires y a quien piensan que tienen la vida resuelta. Imagina que te recomendaran una determinada prenda de ropa, o un suplemento para la salud. ¿Estarías más dispuesto a comprarlo?

La respuesta para la población general es un rotundo sí. Por eso la zapatilla que Under Armor diseñó con el gran influencer online Dwayne Johnson fue la más rápidamente vendida de 2017. La zapatilla: The Rock Delta, tenía la *considerable* ventaja de estar recomendada por alguien con una enorme audiencia y una enorme autoridad y confianza dentro de esa comunidad.

El objetivo del marketing de contenidos es esencialmente construir *directamente* ese tipo de confianza y autoridad. En lugar de trabajar con una autoridad, tú vas a *convertirte en* esa autoridad.

Fíjate en alguien como Tim Ferriss, Pat Flynn o incluso Tony Robbins. Son personas que ofrecen valor a través de sus blogs y sus vídeos, de modo que cuando tienen algo que vender, tienen a millones de personas esperando para comprarles. *Todo lo que* lanzan es un éxito, y eso se debe al trabajo de base que hicieron al principio. Lo mismo puede decirse de la personalidad de

YouTube Elliott Hulse, o del sitio de culturismo T-Nation.com. Son sitios con *fans*, no sólo lectores.

Cómo el marketing de contenidos crea fans y compradores

Ya hemos visto los fundamentos de cómo funciona el marketing de contenidos, pero ahora vamos a profundizar un poco más en él. ¿Cuál es el proceso preciso que convierte a un visitante primerizo en un fan rabioso? ¿Cómo consigue el marketing de contenidos que alguien pase de de un "cliente potencial" a un "comprador"?

Bien, en primer lugar, el contenido es lo que ayudará a tu nuevo visitante a descubrir tu sitio. Buscará un tema concreto y tu sitio aparecerá en los resultados de la búsqueda, o quizás vea un post tuyo en Facebook que le haya gustado a un amigo. En cualquier caso, hará clic en el enlace y leerá tu sitio, pero esto por sí solo no bastará para convertirlo en un verdadero *fan*.

De hecho, lo más probable es que abandonen tu sitio y no vuelvan. Es probable que se desplacen por la página tan rápido que ni siquiera vean tu logotipo y que se vayan en cuanto terminen.

Pasarán días, semanas o meses y ocurrirá lo mismo un par de veces más. Por casualidad, acabarán en tu sitio. Es en este momento cuando empezarán a reconocer parte de tu marca y notarán que estás haciendo un trabajo bastante decente. Tomarán nota del nombre de tu marca y la próxima vez que hagan una búsqueda en Google *buscarán* el nombre de tu sitio en los resultados de búsqueda.

Si siguen impresionados, acabarán por plantearse marcar tu página como favorita o simplemente consultar de vez en cuando la página de inicio para ver qué hay de nuevo. Es entonces cuando podrían suscribirse o seguirte en Facebook o Twitter.

Y es en este punto donde acabas de hacer que tu visitante pase de ser un cliente potencial frío a ser un cliente potencial muy caliente.

Y ahora, cuando vengas a vender algo, es muy probable que les interese. No sólo serán los primeros en enterarse, porque leen tus contenidos con regularidad; ahora también sabrán quién eres, confiarán en que eres capaz de ofrecer contenidos de alta calidad y sabrán que conoces tu oficio.

Imagina que leyeras la página web de un fotógrafo cada semana y que éste compartiera consejos sobre cómo crea las fotos perfectas, qué herramientas utiliza y cómo cada trabajo es importante para él.

Si lees esto con suficiente frecuencia, es probable que llegues a respetar el punto de vista de ese fotógrafo y sabrás al menos que tiene un profundo conocimiento de su oficio y que se lo toma en serio.

Ahora imagina que necesitas que alguien haga unas fotos para tu página web, tu boda u otro evento. ¿A quién se lo pedirías primero? (Suponiendo que fueran locales).

Éste es el poder del marketing de contenidos y es algo que puedes ver utilizado eficazmente en innumerables embudos de ventas y por muchos otros vendedores.

Piénsalo así: si entraras en un sitio web y lo *primero que* hiciera fuera intentar venderte algo, ¿qué harías? Probablemente te irías. Nunca has pedido comprar nada y, además, no tienes motivos para confiar en la persona que vende. Parece spam y te vas.

Esto es *muy* distinto de ser lector de un blog desde hace mucho tiempo y enterarte de que el escritor también ha publicado un libro. Es una forma mucho menos invasiva de descubrir un producto y, lo que es más importante, sabes algo sobre ese bloguero, sabes que sabe lo que hace y puedes confiar en él. Han construido una *marca* a través de su marketing de contenidos y eso significa que te sentirás mucho más cómodo entregando tu dinero.

Me gusta pensar en esto en términos de citas. Intentar vender a alguien sin establecer primero la confianza y la autoridad es como acercarse a un desconocido en la calle y preguntarle si se viene a casa contigo. No te conocen, no confían en ti y les molestará la interrupción de su día.

Pero si has hecho el trabajo preliminar charlando, quedando y demostrando que eres una buena persona, entonces te *ganarás el derecho* a invitarles a casa.

Un ejemplo: Thai López

Veamos un ejemplo: Thai López.

Thai es un controvertido vendedor digital y un nombre conocido gracias a su

serie de anuncios que se muestran en YouTube antes que otros vídeos. Es responsable del meme "oigo en mi garaje" que ha estado haciendo la rondas en línea y si has pasado algún tiempo en línea, lo más probable es que hayas

se encontró con él.

Aunque puede que las estrategias de marketing de Thai te resulten irritantes (como a la mayoría de la gente), la realidad es que funcionan. Sabemos que funcionan, ¡de lo contrario no habría podido obtener tantos beneficios con sus vídeos anteriores!

El éxito se debe en parte a lo molestos que son los vídeos. Thai presume de sus coches deportivos y de sus libros, y sus intentos de autenticidad están tan poco disimulados que casi puedes *sentir* la baba. Por supuesto, todo esto forma parte de su estrategia: como nos demostró Trump, ninguna publicidad es mala publicidad. Ser irritante y polémico hace que la gente hable y eso es *estupendo* para los negocios.

Pero lo que también puedes aprender del tailandés es un ejemplo bastante inmaculado de marketing de contenidos.

El marketing de contenidos no se limita a las entradas de blog. *También* significa vídeo, imágenes y, en realidad, cualquier cosa que pueda considerarse *contenido*.

El primer vídeo de Thai entonces es un ejemplo de contenido. Este es el punto en el que el espectador es una pista fría. No han pedido ver esto y no tienen ninguna razón para querer seguir viéndolo. Lo primero que hace Thai es establecer su autoridad. Lo hace enseñando sus coches, haciendo referencia al hecho de que dio una charla TED y hablando bastante de dinero. Ahora el público sabe que conoce su oficio. También comparte parte de su historia personal para generar confianza.

Sin embargo, lo siguiente que hace es hablar de *otro* vídeo: un vídeo gratuito que dura más de 50 minutos. Esto es importante porque el vídeo no sólo es aparentemente de gran valor (¡50 minutos gratis!), sino que también es una oportunidad para que él genere más confianza y autoridad.

Si Thai te dijera que le compraras nada más ver el vídeo de YouTube, probablemente no lo harías. Ignorarías el vídeo y seguirías con tu vida. En este momento, no ha hecho *lo suficiente para* demostrar su valía como para animarte a comprarle.

Pero ahora imagina que acabas de ver 50 minutos de contenido *encima* de ese anuncio. Ahora ya sabes qué valor (supongo...) es capaz de aportar Thai. Te gusta lo que dice, confías en él y te ha dado más motivos para considerarle una autoridad en su campo.

Es en *este momento* cuando el tailandés empezará a intentar vender a su público. Al hacer esto, se ha *ganado* el derecho a vender y el público está más interesado en comprarle. Es de esperar que ahora estén convencidos de que es un gurú del dinero y, si quieren alcanzar parte de su éxito, ¡podrían plantearse invertir en uno de sus libros!

Se trata de un típico "embudo de ventas", que a su vez es cualquier sistema diseñado para llevar a alguien desde su primer encuentro con una marca hasta   querer comprar al creador. Un embudo casi siempre empezará con algo gratuito -una degustación gratuita- y luego fomentará cada vez más la participación hasta el momento en que intente realizar una venta.

Pero este embudo de ventas -como *todos los* embudos de ventas- también se basa en gran medida en el contenido, por lo que también es un ejemplo de marketing de contenidos. Si quieres generar confianza y generar ventas desde tu propio sitio web o blog, tienes que imitar este proceso. Y empieza con un contenido asombroso.

Capítulo 03 - La logística y los números

Ahora ya sabes qué es el marketing de contenidos, por qué es importante y cómo lo utilizan otros creadores para aumentar su visibilidad y su confianza, todo ello mientras consiguen más ventas.

La siguiente pregunta es qué es lo que realmente necesitas hacer en el día a día para hacer crecer tu sitio y generar esa confianza.

¿Con qué frecuencia debes publicar? ¿Qué tipos de contenido debes ofrecer? ¿Cuánto dura una entrada de blog ideal? Eso es lo que examinaremos en este capítulo.

Tipos de marketing de contenidos

El tipo de marketing de contenidos más popular con diferencia es el escrito. En otras palabras, el marketing de contenidos implica

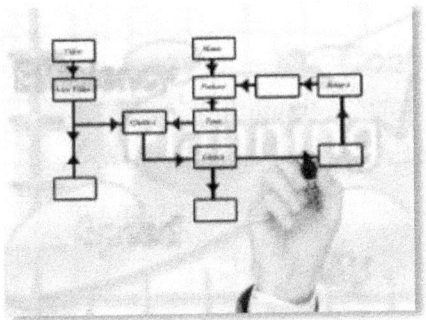

escribiendo regularmente entradas de blog y artículos y publicándolos después en un blog o sitio web. Esto proporciona una base en la que tus espectadores pueden llegar a disfrutar de tu contenido y te permitirá beneficiarte del SEO que supone añadir contenido regularmente a tu sitio web. También significa que puedes compartir tus publicaciones en las redes sociales para conseguir seguidores y dirigir aún más tráfico a tu sitio web.

Pero el contenido escrito es sólo una forma de marketing de contenidos. Otras opciones son:

- Vídeo
- Vídeo en directo
- Podcast
- Imágenes
- Cuestionarios/pruebas/juegos
- Música

E incluso dentro de la versión escrita más básica del marketing de contenidos, existen muchas formas diferentes: desde el contenido humorístico de formato corto y basura que se comparte en Buzzfeed, hasta los artículos más profundos y desafiantes que se comparten en sitios como Brain Pickings. También tienes contenidos "perennes" (es decir, que durarán para siempre) y contenidos muy contemporáneos y temporales, como las noticias de última hora.

Cada tipo de contenido tiene sus ventajas y sus inconvenientes, y en función de tu público y de tus objetivos, vas a adoptar un enfoque diferente en cuanto a regularidad, longitud, etc.

Pero, en general, es seguro suponer que vas a querer algún tipo de blog. Incluso si das un gran impulso al video marketing, es probable que lo hagas *además* de un blog. Por ello, asumiremos por ahora que éste es el camino que vas a tomar.

En ese caso, podemos hacerte algunas sugerencias útiles sobre la regularidad y los métodos que utilizarás para publicar tus contenidos.

Frecuencia, duración y más factores

Frecuencia

Si quieres conseguir seguidores en tu blog, tienes que ser frecuente y constante. Se trata de una prioridad absoluta, ya que si no publicas con regularidad, tus visitantes perderán rápidamente el interés y dejarán de consultar tu sitio. Si consultan

varias veces y tu sitio es el mismo que la última vez que miraron, entonces es probable que desistan.

Lo mínimo que deberías publicar es una vez a la semana. Si haces esto, también deberías publicar en un día fijo y asegurarte de que *siempre llegas* a tiempo.

Pero aunque puedes arreglártelas con un post a la semana, ésta *no es en absoluto* la mejor estrategia. Es preferible que te propongas publicar varias entradas en un mismo día. En su defecto, deberías intentar publicar al *menos* una entrada al día.

Puede parecer mucho, pero la prueba está en el pudín. Piensa en cualquiera de los principales blogs que te gusta leer regularmente: ¿cuántas entradas tienen? Lo más probable es que publiquen varias veces al día o al menos una vez al día.

Si eres un emprendedor con la esperanza de ganar dinero con un sitio web o un blog -con la esperanza de ganar lo suficiente para poder dejar tu trabajo diario-, entonces la actividad principal a la que deberías dedicarte es escribir tu contenido y luego *promocionarlo*.

Y si quieres que éste sea tu trabajo a tiempo completo, entonces tienes que *tratarlo como un trabajo a tiempo completo*. No puedes obtener un salario a tiempo completo con 2 horas de trabajo a la semana. Así que aprende a escribir bien y aprende a escribir *rápido*.

Longitud

En cuanto a la longitud, la mayoría de los expertos en SEO y marketing recomiendan ahora buscar contenidos más largos. Todo lo que tenga más de 1.500 palabras será capaz de proporcionar mucha más profundidad y mucho más conocimiento en comparación con algo que sólo tenga 1.500 palabras. 500 palabras.

Como tales, estas publicaciones más largas tienden a generar más confianza y autoridad, y también tienden a compartirse más. Además, tienen más posibilidades de aparecer en la sección de "noticias" de Google, lo que es fantástico para aumentar la visibilidad y las visitas.

El único problema es que escribir uno o más posts al día de 1.500 palabras cada uno se convierte en una tarea bastante imposible para la mayoría de las marcas e incluso para la mayoría de los blogueros. Por tanto, una estrategia mejor podría consistir en aspirar a un contenido más breve -quizá de 500 a 700 palabras- para la mayoría de los posts y luego escribir *unos pocos* más largos.

Esto también tiene otra ventaja añadida, y es que te permitirá que tu contenido parezca más natural y orgánico. Cuando todas las entradas de tu sitio web son similares en cuanto a tamaño y estructura, esto puede ser negativo desde el punto de vista del SEO. Para Google, demasiada coherencia no parece orgánica. No parece que hayas escrito los artículos de esa manera porque así pensabas que *debían* ser, sino que parece que los has escrito así porque pensabas que te ayudaría a escalar posiciones en Google. En otras palabras, parece que estás intentando engañar al sistema.

Por el contrario, si tu contenido varía en longitud, parece más bien que te centras en ofrecer un buen contenido a tus lectores sin preocuparte de cómo pueda afectar a tu SEO. Irónicamente, ¡esto es lo que Google quiere que hagas!

Del mismo modo, también es mejor para tus lectores, ya que no *siempre tendrán* tiempo de sentarse a leer una gran cantidad de texto sobre un tema. Con información más breve y entradas más largas, pueden leer a su aire y elegir la entrada adecuada para el tiempo de que disponen.

Otras formas de contenido y consejos para la programación

Si también vas a publicar otros tipos de contenido, entonces puede que se adhieran a calendarios ligeramente diferentes. Los vídeos de YouTube, por ejemplo, probablemente se publiquen una vez a la semana (esto es bastante habitual para los creadores de YouTube), mientras que las publicaciones en las redes sociales deberían *publicarse* varias veces al día.

Dependiendo del tiempo de que dispongas, del tamaño de tu marca y de las plataformas con las que trabajes, esto puede suponer mucho trabajo. En ese caso, puede que necesites ser un poco más estratégico a la hora de considerar cómo vas a llevar a cabo tu marketing.

Por ejemplo, puedes beneficiarte de programar las publicaciones. El propio WordPress y muchas plataformas de redes sociales te permiten crear publicaciones y programarlas para que se publiquen a una hora determinada. Para las redes sociales que no admiten esta función, puedes utilizar herramientas externas como IFTTT.com o Buffer. De este modo, podrás *asegurarte de* que tu sitio tenga un flujo constante de nuevos contenidos, incluso los días en que te quedes sin tiempo o quizás sin inspiración.

Otro consejo es considerar la creación de un calendario de programación de marketing de contenidos. Esto básicamente describe todo el contenido que necesitas crear y te muestra cuándo y cómo lo publicarás. Esto te ayudará a asegurarte de que tu estrategia de marketing se ajusta a tu rutina y a tu horario, y puede ayudarte a evitar que se te pasen publicaciones o que te atasques con otras tareas.

Recuerda, si no tienes tiempo para escribir todo el contenido tú mismo, siempre puedes recurrir a otros creadores que te ayuden a encontrar el tiempo. Puedes hacerlo trabajando con socios, o utilizando sitios de autónomos y foros de webmasters donde la gente anuncie sus habilidades. Asegúrate de pagar un poco más y de utilizar sólo a los *mejores creadores de contenidos*: todo lo que no sea eso puede perjudicar a tu marca.

Capítulo 04 - Crear el contenido de primera clase

No basta con añadir contenido a tu sitio web. Lo que es absolutamente esencial es que dicho contenido represente *valor*. Si no es así, mejor no molestarse.

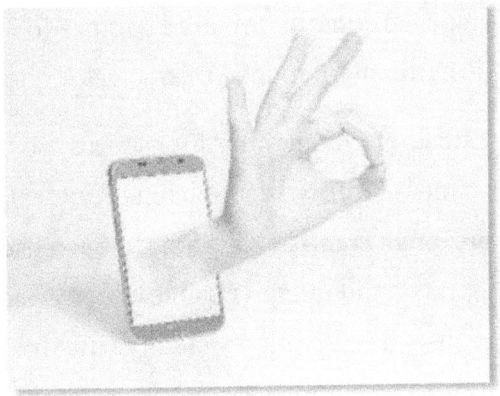

Entonces, ¿cómo te aseguras de que el contenido de tu sitio es de primera calidad y de que es lo suficientemente bueno como para hacer que

¿estás seguro de que los visitantes quieren seguir volviendo y de que considerarán la posibilidad de comprarte?

Cómo escribir bien - La anatomía de una gran entrada de blog

Tu objetivo es aportar valor, pero también es importante que lo hagas en el menor tiempo posible. De este modo, tu entrada en el blog tendrá aún *más* valor.

¿Por qué? Porque para un escrito gratuito, el único *coste* para el visitante es el tiempo. El tiempo que pasan

leer tu post es tiempo de su día y tiempo que podrían haber dedicado a hacer otra cosa.

Por tanto, si consiguen obtener el mismo valor de tu blogpost pero tardan la mitad de tiempo en conseguirlo, esencialmente habrán obtenido el doble de valor. Es como si hubieran comprado un producto a mitad de precio que les proporcionara todo el mismo valor que la opción de precio completo.

Esto es cierto en todos los escritos, por lo que debería darte una pista sobre el primer distintivo de un buen escritor: la brevedad. O mejor dicho, no tanto la brevedad como la *eficacia*. Un buen escritor comunicará lo que tiene que decir lo más rápidamente posible, sin necesidad de palabras rebuscadas ni frases rebuscadas. Si quieres mejorar una frase, a menudo la mejor forma de hacerlo es leerla y eliminar las palabras superfluas.

Y esto es especialmente cierto cuando se trata de la web en general y del marketing digital en particular. En otras palabras: tienes que ser capaz de transmitir lo que quieres decir con el menor número de palabras posible, porque la gente tiene prisa constante en Internet y se les ha enseñado a tener períodos de atención cortos. En Internet, estamos acostumbrados a obtener la información que queremos *inmediatamente* y a no tener que esperar. Las cosas nos llegan constantemente y rara vez pasamos más de unos instantes en un sitio web. Por tanto, la eficiencia es la clave.

¿Significa eso que debes escribir en lenguaje de texto? ¿O que todo debe ser lo más breve posible? ¿Significa eso que no es beneficioso tener un buen vocabulario?

Nada más lejos de la realidad: un buen vocabulario te permite decir más con menos. Por otra parte, redactar tus frases de determinadas maneras -a veces menos directas- te permitirá a veces transmitir un significado menos obvio. Por ejemplo, elegir un giro de frase en lugar de otro puede significar que tu lector emplee un poco más de tiempo, pero si describe mejor la escena o transmite mejor el *tono que* quieres que lleve tu mensaje, entonces esas palabras no se han desperdiciado.

El objetivo no es que tu escrito sea lo más breve posible, sino decir *lo máximo de la* forma más eficaz y entretenida.

Contar historias

Escribir tus contenidos de forma eficaz es una estrategia que te ayudará a mantener a tus lectores en tu página y a que sigan leyendo. Sin embargo, hay otras que también puedes utilizar y aquí es donde tienes que empezar a ser estratégico.

Un consejo crucial es utilizar la narración siempre que sea posible y apropiado. Contar historias significa que haces que tu contenido sea mucho más personal y lo expresas como algo que te ha ocurrido a ti o a alguien que conoces.

Así, en lugar de hablar de una técnica para ganar mucho dinero, podrías hablar de cómo *has* ganado mucho dinero mediante una técnica determinada. Este sutil cambio hará que cualquier cosa sobre la que escribas resulte *considerablemente* más atractiva, hasta el punto de que a menudo se ha descrito como "SEO para el cerebro humano".

Contar historias es poderoso porque el cerebro ha evolucionado para responder bien a las historias. Las historias nos permiten imaginarnos en el lugar del narrador, lo que hace que lo que se cuenta sea mucho más atractivo, emocionalmente resonante e interesante. Además, nos gusta saber cómo acaban las historias: así que si empiezas tu historia de forma impactante, puedes estar seguro de que tu público seguirá leyendo.

Contar historias generalmente significará que tu contenido adopta un tono más personal, que a su vez será más coloquial. Esto también se presta bien a una marca personal, de la que hablaremos dentro de un momento.

En cualquier caso, asegúrate de que tu contenido es fácil de leer, pero que también coincide con el tono y la naturaleza del nicho para el que escribes. El contenido del blog es mejor cuando es conversacional, ¡pero sólo si eso no socava tu autoridad!

Aportar valor

Ya hemos hablado de la importancia de aportar valor, pero vamos a profundizar un poco más en esta idea: si vas a crear cualquier tipo de entrada de blog, vídeo de YouTube o infografía, *tiene* que ofrecer algún tipo de valor. De lo contrario, ¡estás haciendo perder el tiempo a todo el mundo!

¿Qué significa realmente aportar valor? Normalmente, significa que ofrecerás información, entretenimiento, noticias o educación.

En cualquier caso, es *fundamental* que lo hagas de una forma que sea creativa y que ofrezca algo *único*. Esta es la palabra clave y es lo que muchos blogueros y
Los SEO se olvidan.

Es fácil compartir información en una entrada de blog. Podrías escribir sobre cómo hacer flexiones o cómo hacer SEO básico.

Pero al fin y al cabo, esos posts no ofrecerán mucho valor. ¿Por qué? Porque ya lo hemos oído antes. Hay innumerables posts por ahí que son muy parecidos y esa disponibilidad reduce tu valor.

Por otro lado, si puedes aportar algo completamente nuevo -qué tal una nueva forma de entrenamiento cerebral que dará lugar a una mayor fuerza física, o qué tal un poderoso hack que puede ahorrar dinero a los vendedores por Internet-, entonces tendrás algo valioso que ofrecer.

No seas genérico. No seas derivado. Ofrece algo completamente nuevo y así conseguirás que la gente se anime a leer las entradas de tu blog o a ver tus vídeos de YouTube.

¿Por qué las infografías son fantásticas para los vendedores por Internet?

Si estás buscando un tipo de contenido novedoso para utilizar en tu propio sitio web, o para utilizarlo en entradas de invitados, entonces el uso de infografías es una gran elección. En este post, veremos las ventajas de las infografías y cómo puedes sacarles el máximo partido.

Las infografías son una herramienta poderosa porque combinan imágenes atractivas con datos relevantes, facilitando la comprensión de información compleja. Esto es crucial en un entorno en línea donde los usuarios tienen una capacidad de atención limitada. Una buena infografía puede capturar la atención de tu audiencia en segundos, algo que es difícil de lograr solo con texto.

Además, las infografías son altamente compartibles. En plataformas como las redes sociales, donde el contenido visual predomina, las infografías se destacan y son más propensas a ser compartidas por los usuarios. Esto no solo aumenta la visibilidad de tu marca, sino que también puede atraer tráfico adicional a tu sitio web. El contenido visual tiende a ser recordado más tiempo, lo que significa que tu mensaje tendrá un impacto duradero en la mente de los usuarios.

Otro beneficio es la versatilidad de las infografías. Pueden ser utilizadas en múltiples plataformas y formatos, desde blogs y sitios web hasta presentaciones y correos electrónicos de marketing. Esta flexibilidad te permite reutilizar el contenido en diferentes contextos, maximizando así el retorno de inversión de tu esfuerzo creativo. Además, al diseñar infografías optimizadas para SEO, puedes mejorar significativamente tu ranking en los motores de búsqueda, atrayendo así más visitantes orgánicos a tu sitio.

Las infografías también pueden posicionarte como un experto en tu campo. Al proporcionar información valiosa de manera clara y concisa, demuestras tu conocimiento y autoridad sobre el tema. Esto puede generar confianza entre tus lectores y potenciales clientes, aumentando la probabilidad de que te elijan a ti sobre la competencia.

Finalmente, la creación de infografías puede ser una actividad divertida y creativa. Con tantas herramientas disponibles en línea, incluso aquellos sin experiencia en diseño pueden crear infografías de alta calidad. Estas herramientas suelen ofrecer plantillas prediseñadas, iconos y gráficos que facilitan el proceso de diseño, permitiéndote enfocarte en el contenido y el mensaje que deseas transmitir.

¿Qué es una infografía?

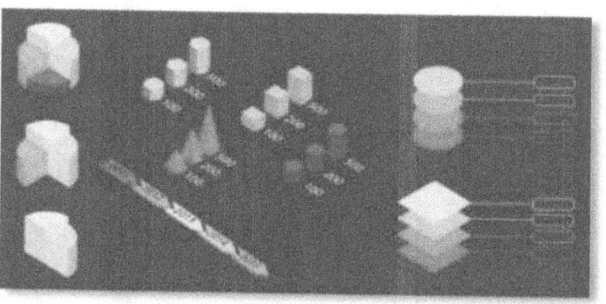

Una infografía es una imagen que transmite datos e información de una forma gráfica que puedes entender de un vistazo.

Una cosa que hay que tener en cuenta al crear contenidos para la web es que mucha gente tiene prisa cuando está en línea y no tiene tiempo de leer párrafos densos de información. Por tanto, una infografía es el antídoto perfecto para esta realidad, ya que permite a la gente captar rápidamente la "esencia" de lo que intentas transmitir de un vistazo.

Sin embargo, las infografías son más atractivas que los simples cuadros o gráficos y normalmente serán una combinación de diversas visualizaciones de datos junto con grandes citas tipográficas, estadísticas y otros datos.

Combinadas de este modo, pueden resultar muy atractivas y atraer realmente al espectador, al tiempo que presentan los datos de forma concisa y eficaz.

También son artículos de invitados ideales porque son únicos y no son fáciles de crear. Cuando se hacen bien, tienen un aspecto profesional y elevan el sitio en el que están, lo que los convierte en una gran moneda de cambio.

Además, las infografías facilitan la transmisión de información compleja de manera amigable y comprensible. Por ejemplo, temas técnicos o estadísticas extensas que podrían parecer intimidantes en un formato de texto tradicional se vuelven accesibles y hasta interesantes cuando se presentan visualmente. Esta accesibilidad es crucial para mantener el interés de la audiencia y asegurar que el mensaje sea entendido correctamente.

Otro punto a favor es que las infografías pueden mejorar la tasa de retención de información. Los estudios han demostrado que las personas recuerdan mejor la información visual que la textual. Así que, si quieres que tu audiencia se acuerde de los datos importantes que les estás proporcionando, una infografía es una herramienta extremadamente eficaz. Además, pueden ser un recurso valioso para la educación, ayudando a estudiantes y profesionales a comprender y retener conceptos clave de manera más eficiente.

No olvidemos la capacidad de las infografías para mejorar tu presencia en las redes sociales. Publicar infografías llamativas puede aumentar el número de compartidos, me gusta y comentarios, lo que no solo amplifica tu alcance, sino que también mejora el engagement con tu audiencia. Las plataformas como Instagram, Pinterest y Facebook son ideales para este tipo de contenido, permitiéndote llegar a una audiencia más amplia y diversa.

Finalmente, las infografías son una excelente manera de fortalecer tu marca. Cuando están bien diseñadas y alineadas con la identidad visual de tu empresa, refuerzan tu imagen y te ayudan a destacar en un mercado competitivo. Cada infografía que creas es una oportunidad para comunicar no solo información valiosa, sino también la personalidad y los valores de tu marca.

¿Cómo crear una infografía?

La buena noticia es que hay un montón de herramientas online que hacen que sea muy sencillo y fácil crear una infografía, y muchas de ellas son gratuitas. Plataformas como Canva, Piktochart, y Venngage te permiten diseñar infografías impresionantes sin necesidad de tener grandes habilidades en diseño. Solo tienes que elegir una plantilla, agregar tu información y personalizar los colores y las fuentes a tu gusto. Es casi como jugar a un videojuego, pero con resultados profesionales.

Como alternativa, puedes utilizar simplemente algún programa de edición de imágenes, como Illustrator o incluso MSPaint, si después lo retocas con algunos efectos en Photoshop. Aunque pueda parecer un poco más complicado, estos programas ofrecen un control más detallado sobre cada elemento de la infografía, permitiéndote crear algo verdaderamente único y adaptado a tus necesidades específicas.

Además, muchas de estas herramientas y programas vienen con bibliotecas de iconos, gráficos y plantillas que facilitan aún más el proceso de diseño. No necesitas empezar desde cero; puedes aprovechar estos recursos para inspirarte y darle un toque profesional a tus infografías. Así, puedes enfocarte más en el contenido y menos en los aspectos técnicos del diseño.

Tenlo en cuenta la próxima vez que busques algo nuevo que añadir a tu blog o sitio web. Una infografía bien hecha puede ser ese elemento diferenciador que capte la atención de tu audiencia y eleve la calidad de tu contenido. No solo estarás proporcionando información valiosa de una manera atractiva, sino que también estarás mostrando tu creatividad y dedicación a la presentación visual, lo cual siempre es un plus en el mundo del marketing digital.

Por qué tu marca es crucial para tu contenido

Sin embargo, un buen contenido por sí solo no basta para generar confianza y autoridad, y es muy importante comprender esto.

Para que el marketing de contenidos funcione, es *crucial* que tengas un gran sitio web y una buena marca. Esta marca debe estar representada por un logotipo fuerte y debe estar impulsada por una declaración de objetivos sólida. Tu marca debe identificar perfectamente al tipo de persona que debe que leerá tu sitio (el tipo de persona que apreciará tu contenido) y debe matizarse indicando implícitamente quién *no debería* visitar tu sitio.

En otras palabras, no trates de atraer a todo el mundo, sino que esfuérzate por construir algo que atraiga a un determinado tipo de lector. Esto te permite ofrecer un mejor valor y significa que, para la persona adecuada, tu sitio va a ser una propuesta muy interesante. Quieres crear un blog que tenga su propia ética y principios, ya que esto es lo que ayudará a crear coherencia entre tus publicaciones (para que la gente sepa lo que representa tu sitio) y para que sientan que pueden respaldar tu mensaje.

Si tienes un blog de salud, puedes dedicarte a la medicina "natural" alternativa o a la medicina científicamente probada. Tú decides, pero asegúrate de que el público sabe de qué vas y de que eres coherente. Al fin y al cabo, eso *es* una marca y es lo que te permitirá ganarte la confianza de cierto tipo de lectores. No puedes complacer a todo el mundo, ¡así que no lo intentes!

Considera la posibilidad de crear una marca personal si estás dispuesto a ponerte en evidencia. Si pones tu nombre y tu imagen en tu sitio web, la gente se sentirá un poco más cerca de ti y sentirá que te conoce. Eso, a su vez, genera mucha más confianza y significa que sentirán que están comprando a una persona real y no a una empresa sin nombre.

¿El único inconveniente? ¡Ahora tienes que *vivir* el estilo de vida que estás promoviendo!

Capítulo 05 - Comercializar tus contenidos

La frase "Constrúyelo y vendrán" no es aplicable en este caso. Si te has pasado años trabajando en tu contenido y creando algo de lo que estás realmente orgulloso, entonces tienes que salir ahí fuera y comercializarlo para asegurarte de que lo vean. Recuerda que tus visitantes tienen que ver tus publicaciones varias veces antes de considerarse fans. ¡Es tu trabajo asegurarte de que eso ocurra!

En este capítulo, descubrirás cómo comercializar una entrada de blog como si fuera un producto.

Primero, es fundamental entender que no basta con publicar y esperar a que el tráfico llegue por arte de magia. Necesitas tener una estrategia de promoción activa. Esto comienza con compartir tus publicaciones en todas tus redes sociales. No te limites a un solo post; programa varias publicaciones a lo largo de las semanas y meses para mantener el contenido visible y fresco.

Además, considera la posibilidad de colaborar con otros bloggers o influencers en tu nicho. Un simple retweet o una mención de alguien con una audiencia establecida puede hacer maravillas para tu visibilidad. No dudes en contactar y proponer intercambios de contenido o colaboraciones que beneficien a ambas partes.

El marketing por correo electrónico es otra herramienta poderosa. Si tienes una lista de suscriptores, asegúrate de enviarles tus nuevas publicaciones directamente a su bandeja de entrada. Personaliza tus mensajes para que sean relevantes y atractivos, aumentando las probabilidades de que los destinatarios hagan clic y lean tu contenido.

No olvides la importancia del SEO (optimización para motores de búsqueda). Investiga y utiliza palabras clave relevantes en tus títulos, encabezados y texto. Esto no solo ayuda a que tu contenido sea descubierto por quienes buscan activamente información sobre tu tema, sino que también mejora tu posicionamiento en los resultados de búsqueda.

La reutilización del contenido es otra estrategia eficaz. Convierte tu entrada de blog en diferentes formatos, como videos, podcasts, infografías o presentaciones. Esto no solo te permite llegar a diferentes tipos de audiencia, sino que también maximiza el uso de tu contenido.

Finalmente, mide y analiza los resultados de tus esfuerzos de promoción. Utiliza herramientas como Google Analytics para ver qué estrategias están funcionando mejor y ajusta tu enfoque en consecuencia. El marketing es un proceso continuo de prueba y error, así que no te desanimes si no ves resultados inmediatos.

Tus artículos como productos - Cómo deberías vender realmente el contenido de tu sitio web

Utilizar el SEO es una forma fantástica de atraer gente a tu sitio, y escribiendo un gran contenido, construyendo muchos enlaces y diseñando tu sitio de forma arácnida. de forma amigable puedes conseguir mucho más tráfico de visitantes que buscan la información o el servicio que ofreces. Sin embargo, el SEO por sí solo no puede hacer mucho, y es sólo una forma de promoción.

Al comercializar cualquier cosa necesitas tener algo que vender, y debes asegurarte de que tu oferta destaca entre la multitud y llama la atención. Esta es la forma en que tienes que pensar cuando intentas promocionar tu sitio, y es lo que realmente puede marcar la diferencia entre un sitio que la gente puede encontrar y uno que puede entusiasmar a la gente.

En resumen, tienes que empezar a ver tus artículos como productos y eso significa que deberías hacer todo lo posible por "vender" cada uno de ellos de la misma forma que una empresa intenta vender cualquier artículo o servicio. Este sencillo cambio cognitivo marcará una gran diferencia en la forma en que enfocas tus contenidos y, en última instancia, en el éxito de tu marca en su conjunto. Tu blog es algo que tú has creado, tiene valor y ahora es el momento de que lo compartas con tu audiencia.

Aquí veremos cómo puedes vender los productos de tu sitio y cómo esto puede ayudarte a diferenciarlo.

El título

Cuando intentas vender un libro electrónico a través de un sitio web o un curso, normalmente utilizarás una página de aterrizaje que utilizará un guión de ventas para intentar que la gente compre lo que ofreces. Podría decir algo así como "Por fin, un sencillo

guía para ganar dinero en internet - ésta es mi historia de cómo gané miles de dólares de la noche a la mañana".

Es una forma estupenda de vender un producto porque capta la atención, promete resultados y tiene un elemento de interés personal. Y así es como deberías escribir cada uno de los títulos de tus artículos: creándolos de la misma forma que crearías un argumento de venta y utilizando todos los mismos tropos. No tengas miedo de los títulos largos y grandilocuentes: venden.

Para inspirarnos un poco, podemos recurrir al mundo del "cebo para hacer clic". Se trata de artículos que tienen títulos que incitan a la curiosidad y que suenan increíbles y, por tanto, son un "cebo" para que la gente haga clic en ellos. Por desgracia, la mayoría de los artículos de cebo para hacer clic no ofrecen el valor que corresponde a la promesa. Aquí es donde vas a ser diferente: tus artículos *serán* realmente buenos, pero vas a ser un poco más agresivo a la hora de demostrarlo en tus títulos. Céntrate en el aspecto emocional, en el aspecto único, en el aspecto impactante y haz evidente desde tu título que se trata de algo muy singular.

La presentación

La forma en que presentas tu contenido es tan importante como el envoltorio de una nueva línea de juguetes de Hasbro. Si quieres que la gente elija leer tu contenido en lugar del de otro sitio, tienes que utilizar las mejores imágenes y el mejor diseño para que sea un placer leerlo y para que realmente llame la atención.

Dale un diseño más parecido al de un artículo de revista que al de la típica entrada de blog y la gente notará la diferencia. Utiliza imágenes de alta calidad, usa fuentes diferentes y divide tu contenido en párrafos y secciones.

Incluso puedes optar por la inventiva. Por ejemplo, podrías experimentar con texto "ergódico", para hacer que el texto se envuelva y se mueva de diferentes maneras.

La presentación es poderosa no sólo para ayudar a vender el contenido y hacer que la gente quiera seguir leyendo, sino también para ayudarte a crear aún más autoridad y hacer que tu marca sea más atractiva e interesante que la de la competencia.

USP

En el mundo empresarial, USP significa "Unique Selling Point" (Punto de Venta Único) y describe el factor que hace que un producto sea diferente de los demás del mercado. Si tu producto es exactamente igual al de los demás, no das a tus clientes potenciales ningún incentivo para que te elijan a ti en lugar de a la competencia.

Lo mismo ocurre con tus artículos, así que no te limites a reescribir las noticias tal y como las lees, o a regurgitar las mismas listas de consejos. En lugar de eso, piensa en cómo puedes enfocar la noticia desde un ángulo diferente, aportar tu  propia experiencia a la mezcla, o relaciona el tema con algo diferente. Así darás a la gente una razón para leer lo que has escrito aunque ya hayan oído la noticia en otro sitio.

Promoción

El SEO ayudará a la gente a encontrar tus artículos, pero también deberías intentar promocionar tu contenido y generar expectación por él de la misma forma que Apple podría generar expectación por su próximo iPhone. Puedes hacerlo de varias formas, pero en general esto significa hablar de tu artículo en foros, discutiéndolo en las redes sociales y mostrándolo en YouTube. Así es, no sólo publicando enlaces, sino hablando realmente del artículo y demostrando por qué debería importarle a la gente. Es una diferencia sutil pero potente.

Algunos lugares estupendos para compartir tu contenido son

- Google Plus
- Reddit
- Grupos de Facebook
- Foros

¿Otro gran consejo? Sé activo en estas comunidades y asegúrate de que no *sólo* publicas cuando quieres algo.

Iteración

El ciclo de iteración en los negocios es un proceso de ajuste sutil de un producto a lo largo del tiempo para perfeccionarlo en respuesta a las reacciones del mercado. Lo que quiero decir con esto en general es que no tienes por qué publicar tu artículo y dejarlo así.

y mejorándola, te aseguras de que sca la mejor posible, siempre actualizada (lo que Google aprecia) y bien adaptada al público que la lee y a lo que te dice que quiere de sus artículos.

Del mismo modo, también puedes *seguir* vendiendo contenidos antiguos. Si tienes publicaciones perennes en tu sitio, ¿por qué no recordar a la gente que están ahí? ¿Por qué no publicarlos en foros? Sobre todo si ha ocurrido algo que haga que tu contenido antiguo sea más oportuno o relevante. Si has invertido mucho trabajo en tu contenido, no hay razón para compartirlo una sola vez y luego olvidarte de él... ¡sigue publicándolo y volviéndolo a publicar!

Invitados

Si quieres aumentar la visibilidad de tu sitio web y ayudar a incrementar tu posición en las SERPs, hay muchas formas de hacerlo y es probable que te cueste saber qué método es el que te puede aportar más éxito.

Esto es especialmente pertinente, ya que muchos de los métodos que nos venden pueden, de hecho, ser ineficaces y acabar provocando que Google nos penalice. Sin embargo, aquí veremos una estrategia muy buena que puedes utilizar actualmente para construir tu reputación y aumentar tu posición en Google, que es el "guest blogging".

El guest blogging es especialmente relevante para quienes utilizan el marketing de contenidos, ya que, en esencia, no es más que una extensión de lo que ya has estado haciendo. Sólo que ahora también estás compartiendo tu contenido con personas que no llegan a tu sitio. Es una forma alternativa de conseguir esa "primera exposición" y esa primera oportunidad de hacer que la gente empiece a visitar tu sitio por voluntad propia.

¿Qué es el Guest Blogging y por qué debería interesarme?

El guest blogging significa esencialmente publicar en los blogs de otras personas. Aquí encuentras un blog o un sitio web que te gusta y que crees que es algo similar al tuyo (pero con suerte tiene un poco más de prominencia) y entonces te ofreces a escribirles un artículo en respuesta a un enlace de vuelta a tu sitio. Publican tu artículo, y en el abajo tendrás un pequeño autor bio que incluirá un enlace a tu sitio web.

Normalmente, cuando piensas en "construcción de enlaces", esto significa enviar artículos a granjas de contenido y sitios como E-Zine articles, o enviarlos a directorios de enlaces que nadie lee. Por otro lado, con el blogging invitado tienes la oportunidad de introducir tus enlaces en sitios web realmente buenos que no sólo pueden ayudarte a aumentar tu page rank, sino también a atraer visitantes orgánicos y a aumentar enormemente tu reputación.

Cómo encontrar centros

El primer reto es cómo encontrar realmente los sitios que están dispuestos a publicar tus posts a cambio de un enlace. Sin embargo, esto suele ser más fácil de lo que crees y, si tu contenido es realmente bueno y tu sitio ofrece valor a los lectores del blog al que te diriges, puede que te sorprenda descubrir que los propietarios de estos blogs son tipos como que quieran y puedan ayudarte.

Para encontrar los sitios adecuados a los que dirigirte, simplemente debes enviar mensajes a algunos de los sitios que tú mismo lees actualmente. Al mismo tiempo, puedes probar a buscar tu nicho (por ejemplo, "culturismo") y una frase que indique que están buscando artículos de invitados, por ejemplo: "culturismo envía tu artículo", o "culturismo cartel invitado".

Asegúrate, sin embargo, de que tienen los mismos valores que tú, de que su sitio es bueno y de que un post aquí te hará llegar al tipo de público adecuado.

Otra gran estrategia es ver lo que hace tu competencia. Una forma de hacerlo es utilizar la técnica llamada "sigue a ese blogger", en la que simplemente encuentras a un blogger invitado que publique sobre el mismo tema que tú, y luego simplemente buscas todos los blogs diferentes que ya tiene publicado en. No hay duda de que estos blogs aceptan publicaciones de invitados en tu nicho y, por tanto, es muy probable que acepten las tuyas. También puedes simplemente buscar todos los enlaces entrantes de otro sitio y ver si alguno de ellos se obtuvo a través de blogs invitados.

Algunos consejos para tener éxito como blogger invitado

Tener éxito significa no sólo encontrar los blogs, sino que realmente te acepten. Aquí tienes algunos consejos que te ayudarán a conseguirlo:

• Imita su estilo editorial: esto es importante para garantizar que tu contenido encaja con el de su blog, y que sus lectores disfrutarán con lo que hagas para ellos. Esto significa asegurarte de que utilizas el mismo estilo de puntuación, evitas el 1er persona narrativa si lo hacen, y en general imitarlas lo más posible. Puede que tengan una página de directrices editoriales que te compense consultar.

• Investiga bien el artículo: mientras tanto, por supuesto, asegúrate de que tu artículo es bueno. No les des tus sobras, dales artículos de los que te duela desprenderte.

• Sé un socio más completo: no te limites a ofrecerles un artículo, sino que declara que te gustaría trabajar con ellos, y asegúrate de mencionar al menos su sitio en el tuyo como inspiración.

• Haz que tu sitio sea bueno: cuando alguien incluye un post tuyo como invitado con un enlace, en la mayoría de los casos está poniendo ese enlace en su página principal. Por tanto, es importante que te asegures de que tu sitio es uno que están dispuestos a recomendar, así que asegúrate de que es profesional y de que ofreces valor a sus visitantes.

- Reúnete con ellos: ¿te cuesta obtener una respuesta? Intenta organizar una reunión en persona. Hay muchas formas de hacerlo. Por ejemplo, puedes reunirte con socios en eventos de networking, o si te has fijado en alguien en particular, puedes incluso plantearte "contratarlos" para que te asesoren o consulten. Una vez que te hayan hablado de otra cosa, será mucho más probable que te respondan, aunque sólo sea por cortesía.

Capítulo 06 – ¿Cómo conseguir más contenido?

Si has llegado hasta aquí, probablemente ya te habrás dado cuenta de que Internet se basa en el contenido. El contenido es lo que hace girar las ruedas: es lo que Google utiliza para indexar tus páginas, es lo que los lectores *buscan* en tus páginas y es lo que diferencia a un gran sitio de un buen sitio.

Por tanto, tu sitio vivirá y morirá en función de la calidad de su contenido, y si no tienes cosas atractivas y entretenidas que leer en tus páginas, no puedes esperar retener a tus visitantes durante mucho tiempo ni atraer a nuevos lectores.

De ello se deduce también que deberías dedicar una buena parte de tu tiempo a desarrollar contenidos, o bien que deberías invertir parte de tus beneficios en escritos que puedas comprar para utilizar en tu sitio. Cuanto más contenido alojes, más habrá para leer y más lectores podrás conseguir. Así que imagina lo útil que podría ser si pudieras obtener tu contenido gratis, ¡haciendo que tus visitantes lo escribieran por ti!

Pues bien, resulta que se puede hacer, y que en realidad existen varias técnicas para conseguirlo...

Cómo conseguir que tus visitantes escriban tu contenido *por* ti

Una de las mejores formas de conseguir más contenido para tu sitio web sin tener que dedicarle mucho trabajo es hacer que tus visitantes lo escriban por ti. Esta estrategia sorprendentemente eficaz puede lograrse con algunas de las siguientes estrategias...

No sabes si no preguntas...

Una estrategia muy sencilla para conseguir, por ejemplo, que los visitantes escriban tus contenidos por ti es simplemente *pedírselo*. Esto puede sonar un poco demasiado bueno para ser verdad, pero en realidad la mayoría de la gente no está intentando ganar dinero en Internet y, por tanto, no es consciente del valor de la escritura. Lo único que hacen saben es que les gusta tu sitio, y que sería emocionante formar parte de él y ser un colaborador. Publica su trabajo y ellos consiguen algo de exposición y algo que enseñar a sus amigos, mientras que tú obtienes contenido gratuito para atraer más tráfico: ¡todos ganan!

Concurso

Pero si quieres añadir un pequeño incentivo, siempre puedes ofrecer un premio al mejor contenido que consigas organizando un concurso. Los concursos son fantásticos para el marketing y a la gente le encanta tener la oportunidad de poner a prueba sus habilidades. Añade la posibilidad de algún tipo de regalo y verás cómo la gente aprovecha la oportunidad de participar.

Organizar un concurso puede ser tan sencillo o elaborado como quieras. Puedes pedir a tus seguidores que creen contenido relacionado con tu blog, como artículos, videos, infografías, o incluso memes. Luego, selecciona a los ganadores basándote en la calidad, creatividad y relevancia de sus entradas. Un buen truco es elegir un tema que esté alineado con tus intereses y los de tu audiencia. Esto no solo asegura que el contenido generado sea relevante, sino que también motiva a los participantes a dar lo mejor de sí. Además, puedes utilizar hashtags específicos para tu concurso en las redes sociales, lo que ayuda a incrementar la visibilidad y el alcance de tu campaña.

El premio no tiene que ser algo exorbitante. Puede ser un producto relacionado con tu nicho, una suscripción a tu servicio, un libro, o incluso una tarjeta de regalo. Lo importante es que sea algo que tus seguidores realmente valoren y que motive a participar.

Asegúrate de promocionar tu concurso ampliamente. Utiliza todas tus plataformas de redes sociales, envía correos electrónicos a tus suscriptores, y considera la posibilidad de asociarte con otros bloggers o influencers para llegar a una audiencia más amplia. Cuanta más gente sepa del concurso, mayor será la participación y el impacto de tu campaña.

Además, los concursos pueden generar una gran cantidad de contenido generado por los usuarios que puedes reutilizar en el futuro. Este tipo de contenido es valioso porque muestra el compromiso y la creatividad de tu comunidad, y puede servir como testimonio del valor de tu blog o marca. Recuerda establecer reglas claras y plazos para el concurso. Esto no solo asegura que todo se desarrolle de manera justa y organizada, sino que también ayuda a mantener el entusiasmo y la expectativa entre los participantes.

Comunidad

Otra forma de conseguir que la gente te proporcione contenido gratuito es ofrecerles una plataforma de debate y charla. Puede tratarse de un foro o de una sección de comentarios en tus artículos individuales, pero si ofreces a los visitantes un lugar donde debatir sobre el tema, entonces podrás crear una comunidad activa y comprometida.

Tener un espacio de discusión abierto no solo anima a los usuarios a interactuar entre ellos, sino que también genera una gran cantidad de contenido valioso de forma natural. Cada comentario, pregunta o debate añade nuevas palabras clave y temas relevantes a tu sitio, lo que puede mejorar tu posicionamiento en los motores de búsqueda. Además, el contenido generado por los usuarios es visto por Google como una señal de que tu sitio es activo y relevante, lo que puede ayudar a mejorar tu SEO.

Otra ventaja es que los debates en los foros o en las secciones de comentarios pueden ofrecerte ideas frescas y perspectivas únicas sobre los temas que estás tratando. Esto no solo enriquece tu contenido, sino que también te proporciona inspiración para futuras publicaciones. Además, responder a los comentarios y participar en los debates te permite conectar más estrechamente con tu audiencia, lo que fortalece la relación y fomenta la lealtad.

Para maximizar el impacto de estos espacios de discusión, asegúrate de moderarlos adecuadamente. Esto significa eliminar el spam, responder a las preguntas de los usuarios y fomentar un ambiente respetuoso y constructivo. Una comunidad bien moderada será más atractiva para los nuevos visitantes y más útil para todos los participantes.

Si decides implementar un foro, puedes integrarlo fácilmente en tu sitio web utilizando plataformas como phpBB, vBulletin o incluso plugins de WordPress como bbPress. Estos foros pueden ser personalizados para que coincidan con el diseño de tu sitio y pueden ser configurados para notificarte cuando haya nuevas publicaciones o respuestas.

Por otro lado, una sección de comentarios activa puede ser igualmente eficaz. Asegúrate de que los comentarios sean fáciles de dejar y visibles en cada artículo. Herramientas como Disqus pueden facilitar la gestión de los comentarios y mejorar la experiencia del usuario.

Correos electrónicos

Esta es una de las tácticas menos conocidas pero súper efectiva: publicar los correos electrónicos que recibes. Si tu sitio crece lo suficiente, y si escribes de forma informativa sobre un tema, de vez en cuando vas a recibir preguntas de seguidores y de personas que quieren debatir sobre el tema. Puedes ayudarles respondiendo, y luego pedirles permiso para publicar toda la conversación y así obtener más contenido para tu sitio.

Este método tiene varias ventajas. Primero, aprovechas contenido que ya has creado. Es decir, ya has dedicado tiempo a responder esas preguntas, así que ¿por qué no sacarle más partido? Publicar estos intercambios no solo llena tu sitio de contenido fresco, sino que también puede ser extremadamente útil para otros lectores que tengan preguntas similares.

Además, este tipo de publicaciones puede humanizar tu marca. Mostrar que interactúas directamente con tus seguidores y que te tomas el tiempo de responder a sus preguntas puede hacer que otros se sientan más conectados contigo. Esto genera confianza y fidelidad, dos elementos clave para construir una audiencia sólida.

Otra ventaja es que los correos electrónicos suelen ser muy específicos y detallados, lo que puede ayudarte a cubrir aspectos que no habías tratado antes en tu blog. Estas publicaciones pueden convertirse en artículos de preguntas frecuentes o en guías detalladas sobre temas que interesan a tu audiencia.

Para implementar esta estrategia, asegúrate de pedir siempre permiso antes de publicar cualquier correo electrónico. Explica a tus seguidores que su pregunta y tu respuesta podrían ser útiles para otros y que les darás crédito por su contribución. La mayoría de la gente estará encantada de ayudarte y de ver su nombre en tu sitio.

También puedes organizar estas publicaciones de manera atractiva. Por ejemplo, podrías tener una sección semanal de "Pregunta del lector" donde compartes y respondes a una de las preguntas más interesantes que hayas recibido. Esto no solo proporciona contenido constante, sino que también anima a más personas a escribirte y a interactuar contigo.

Tu guía para una curación de contenidos rápida y eficaz

Otra opción para acelerar la creación de contenidos y seguir aportando valor es recurrir a la curación de contenidos. La idea esencial que subyace a la curación de contenidos es sencilla: estás creando entradas de blog y páginas que se componen enteramente de otros contenidos que has encontrado por la red. Tú luego puedes recombinar este contenido para crear algo nuevo, además de añadir tu propio comentario y contexto para hacer la publicación más interesante y añadir tu propio valor.

Pero, ¿cómo hacerlo? ¿Y cómo puedes hacer que sea un proceso rápido sin arriesgarte a que tus posts sean menos interesantes o útiles para tus lectores? Primero, necesitas tener una buena estrategia de curación. Esto implica seguir fuentes confiables y relevantes en tu nicho. Utiliza herramientas como Feedly, Pocket o incluso Google Alerts para mantenerte al día con las últimas publicaciones y noticias. Estas herramientas te permitirán reunir y organizar contenido de manera eficiente.

Una vez que tengas una colección de artículos, videos, infografías, y otros tipos de contenido, el siguiente paso es recombinarlo y darle tu toque personal. No se trata solo de copiar y pegar; debes aportar tu perspectiva, análisis y contexto. Por ejemplo, si encuentras un artículo interesante sobre una nueva tendencia en tu industria, puedes resumir los puntos clave y luego añadir tu opinión sobre cómo esa tendencia afectará a tu audiencia específica.

Para que este proceso sea rápido, establece un flujo de trabajo claro. Dedica un tiempo específico cada semana a buscar y organizar contenido. Luego, cuando te sientes a escribir, tendrás todo el material necesario a mano. Esto te permitirá enfocarte en la creación de contenido sin distracciones.

Otra forma de hacer que la curación de contenidos sea más efectiva es crear formatos recurrentes. Puedes tener una serie semanal donde compartes las mejores noticias de la semana, o un "top 5" mensual de artículos imprescindibles. Estos formatos no solo te facilitan la creación de contenido, sino que también establecen expectativas claras para tus lectores, quienes sabrán cuándo esperar estas publicaciones.

Además, no olvides dar crédito a las fuentes originales. Esto no solo es ético, sino que también puede ayudarte a establecer relaciones con otros creadores de contenido. Al mencionarlos y enlazar a sus artículos, aumentas las posibilidades de que ellos también compartan tu contenido, ampliando tu alcance.

Finalmente, siempre revisa y adapta tus publicaciones curadas para asegurarte de que aporten valor real a tus lectores. Pregúntate si el contenido que estás compartiendo realmente responde a las preguntas e intereses de tu audiencia. Añade insights, ejemplos y aplicaciones prácticas que hagan que tu publicación sea más que una simple recopilación de enlaces.

Objetivo

Lo primero que hay que hacer es comprender el objetivo de una buena curación de contenidos. Tu objetivo aquí es crear una entrada de blog que proporcione varias veces el valor de una entrada de blog convencional, *porque* combina las mejores partes de muchas entradas en un único recurso.

Esto hace que sea muy importante que

consideres cuidadosamente el tipo de

contenido que compartes. Debe ser

contenido que sea

carnoso e interesante y tienes que asegurarte de que tienes algo

interesante y útil que decir al respecto. No basta con publicar una

selección de fragmentos copiados de otros sitios al azar.

Recuerda: el contenido duplicado no se posiciona bien en Google. Este no es
nuestro

Nuestro objetivo es ofrecer algo útil a nuestros visitantes y hacer que

vuelvan.

Algunos consejos

En teoría, la curación de contenidos puede ahorrarte tiempo al permitirte

crear contenidos reutilizando contenidos que otros ya han hecho. En teoría,

esto significa que puedes ahorrar tiempo porque no necesitas escribir todo el

contenido tú mismo.

Pero el problema es que tienes que salir a *buscar* todo ese contenido. Tiene

que ser un contenido interesante y de calidad (lo que significa que tendrás que

cribar el material inadecuado) y luego tienes que ser capaz de añadir algún

tipo de comentario interesante y unirlo todo. Cuando consideras todas estas

tareas, resulta evidente que esto puede acabar realmente

tardar mucho tiempo.

Entonces, una solución es intentar contratar a alguien para que recopile el

contenido por ti, de modo que puedas reunirlo y luego añadir los comentarios.

Considera la posibilidad de utilizar un SVA (servicio de asistente virtual), ¡muchos de los cuales cobran menos de 1 $ por hora!

Otro consejo es aprovechar al máximo el hecho de que estás tomando prestado contenido. Ponte en contacto con los propietarios originales de ese contenido y puede que te ayuden a promocionar la página como agradecimiento, ¡e incluso puede que te enlacen! Esto también puede evitar posibles problemas de derechos de autor.

Sigue estos consejos y recuerda ofrecer valor en todas tus publicaciones y la curación de contenidos puede ser una forma estupenda de ahorrar tiempo y hacer más cosas.

Capítulo 07 - Herramientas y recursos para tu marketing de contenidos

El marketing de contenidos tiene muchos aspectos diferentes. Aunque pueda parecer sencillo -al fin y al cabo, sólo se trata de "escribir"-, en realidad es mucho más complejo. Una buena entrada de blog tiene que estar bien escrita, bien editada y corregida, con una presentación atractiva y adornada con  imágenes. A continuación, hay que darle los retoques SEO adecuados y la puesta a punto adecuada para que se vea bien.

Todo esto requiere tiempo y práctica, pero las herramientas adecuadas pueden ayudarte a poner las cosas en marcha más rápidamente. A continuación veremos algunos de estos diferentes tipos de software y cómo pueden ayudarte a gestionar tu sitio web.

Software de procesamiento de textos: Un buen procesador de textos puede ayudarte con tu marketing de contenidos, corrigiendo errores y mediante funciones útiles como el recuento de palabras, la posibilidad de insertar formato y mucho más. Podría decirse que Microsoft Word sigue siendo el mejor, aunque Open Office ofrece una buena alternativa gratuita. Lo más probable es que pases mucho tiempo aquí, ¡así que asegúrate de que la herramienta con la que trabajas te gusta!

Alternativamente, utiliza Google Drive con su Google Docs incorporado y así también te beneficiarás de la poderosa adición de compartir en la nube. Esto permite que varias personas editen juntas un sitio, lo que supondrá una gran diferencia si tienes a mucha gente colaborando.

Grammarly: Si tienes problemas con tu estilo de escritura, una herramienta como Grammarly puede ayudarte haciéndote sugerencias para corregir y mejorar tu gramática, ortografía y puntuación. El resultado es un contenido más legible y más apto para el SEO.

Paint/Gimp: Para la edición de tus fotos y el diseño de tus imágenes necesitarás un buen programa de edición, como estos dos. Paint es el software de edición/diseño de fotos con más funciones que existe, pero Gimp puede imitar mucho de lo que hace Paint y es gratuito. Si haces logotipos o editas imágenes para acompañar artículos, merece la pena aprender un poco sobre el uso de este software. Combínalo con buenos conocimientos de fotografía y tendrás una fuente inagotable de imágenes para añadir a tus artículos.

Illustrator: Para un diseño profesional, querrás utilizar algo que te permita crear archivos vectoriales. Son imágenes que no pierden calidad por mucho que las amplíes y que te permitirán editarlas fácilmente a posteriori.

Filezilla: Filezilla es un software FTP gratuito. En otras palabras, actuará como puente entre tu ordenador y el espacio del servidor que compraste con tu paquete de alojamiento. Esto te permitirá acceder a todas las carpetas de tu sitio web y eliminarlas, renombrarlas, sustituirlas, editarlas, etc., tal y como lo harías si estuvieran en tu ordenador. Es la forma más rápida de editar tu sitio y la mejor manera de mantener todos tus archivos organizados. Hay muchos otros FTP que pueden hacer un trabajo similar, pero Filezilla se lleva la mención aquí por ser completamente gratuito y muy funcional.

Por supuesto, es probable que utilices WordPress como tu principal CMS (solución de gestión de contenidos), pero querrás tener Filezilla cuando dañes accidentalmente tu sitio de WordPress o cuando quieras editar manualmente una imagen. ¡Es bueno tenerlo!

Estadísticas web: Obtener algún tipo de estadísticas relativas a tu sitio web es crucial si quieres maximizar tus visitas y si quieres adaptar tu sitio a la audiencia que realmente acude a él. La mejor forma de hacerlo es con el programa gratuito "Google Analytics", al que accedes a través de tu navegador. Presta atención a las consultas de búsqueda y a las especificaciones/ubicación de tus visitantes y te ayudará a promocionar tu sitio. Utilízalo para ajustar y mejorar el contenido que estás escribiendo. ¡Pero no te dejes dominar por el SEO!

Software de edición de vídeo: Existen varios tipos de software de edición de vídeo, aunque para muchas de tus necesidades Windows Movie Maker será suficiente. Esto es útil si quieres añadir vídeos a tu sitio web o utilizarlos como parte de una estrategia de marketing, ¡lo cual te recomiendo encarecidamente que hagas!

Canva: Otro tipo alternativo de contenido que hemos tocado son las infografías. Canva es una gran herramienta que te permitirá crear rápidamente infografías de aspecto profesional que atraerán a la gente y que se compartirán como la pólvora.

Programación: Buffer e IFTTT son dos de las mejores herramientas para programar publicaciones de forma que tengas un flujo constante de contenido.

Capítulo 08 - El cierre: razones por las que es perfecto para tu estrategia de marketing

Lo creas o no, hubo un tiempo en que la publicidad en la radio era la mejor forma de exponer tu marca a una gran audiencia. Era la forma número uno de llegar al mayor número de personas y nada se le acercaba. Entonces, un día, nació la televisión y

la publicidad radiofónica se convirtió en noticia vieja. Puede que hayas oído la canción sobre ello de *The Buggles*...

Ahora la historia se repite. Durante los últimos años hemos estado viendo cómo los métodos tradicionales de publicidad, como la televisión y los medios impresos, se veían gradualmente superados por el marketing de contenidos. La web es la nueva estrella del espectáculo y el marketing de contenidos es la herramienta más poderosa que tienen a su disposición en esa plataforma tanto las pequeñas empresas como las grandes corporaciones. Por eso las empresas invierten cada año más en este proceso. También es la razón por la que el 51% de los profesionales del marketing B2B tienen previsto aumentar su presupuesto de marketing de contenidos en los próximos 12 meses. Es lo que se llama "el círculo de la vida". Puede que hayas oído la canción sobre ello de *Elton John*...

Espero haberte convencido a lo largo de este libro de que el marketing de contenidos *es* el futuro del marketing digital y que merece un lugar en tu estrategia. Pero si no es así, aquí tienes otras cuatro poderosas ventajas del marketing de contenidos que te harán reconsiderarlo.

Razón nº 1: Es barato y fácil

El marketing de contenidos puede funcionar con cualquier presupuesto. Para una pequeña empresa de nueva creación, crear un blog atractivo y hacer algo de SEO (optimización para motores de búsqueda) básico es una solución fácil y económica.

un trabajo asequible que puede costar tan poco como sea necesario. Por otro lado, sin embargo, las operaciones a mayor escala pueden invertir más en marketing de contenidos junto con SEO y SMO (Optimización de Redes Sociales) para crear una presencia online realmente formidable. Los menores

gastos generales hacen que este método sea especialmente escalable y te garantiza el mejor retorno de la inversión posible.

Razón nº 2: Es versátil

El coste variable del marketing de contenidos es sólo un ejemplo de lo flexible que es el marketing de contenidos. Hay muchas formas distintas de utilizar el marketing de contenidos para llegar a tu público, pero también hay muchos usos distintos. El marketing de contenidos no sólo tiene para generar ventas, también puede ser una herramienta inestimable para generar clientes potenciales, para generar confianza e incluso para abrir un diálogo con fines de crowdsourcing.

Razón nº 3: Se centra en las relaciones y la narrativa

Si realmente quieres llegar a un público y animarle a actuar, tienes que apelar a él a un nivel emocional y transmitirle tu valor propuesta. Esto es precisamente lo que te permite hacer la gestión de contenidos.

Además, el contenido genera confianza, crea relaciones y da voz a tu empresa. El marketing de contenidos te permite elaborar tu reputación con gran precisión, crear una "personalidad" para tu organización y, en última instancia transmitir un mensaje mucho más potente. Se trata de una estrategia fantástica para quienes tienen la vista puesta en el largo plazo y pretenden establecer relaciones duraderas con sus clientes.

Razón nº 4: Está creciendo

El marketing de contenidos es muy popular ahora mismo, pero sólo va a ganar *impulso* *a medida que* pase el tiempo. El número de personas que llevan dispositivos con conexión a Internet las 24 horas del día, los 7 días de la semana, *sigue* creciendo sin signos de desaceleración. Asimismo, las nuevas plataformas sociales ofrecen continuamente nuevas oportunidades y cada vez somos mejores creando el

tipo de contenido que aporte un valor real a los visitantes.

Ahí lo tienes: son sólo cuatro razones para asegurarte de que el marketing de contenidos es una parte importante de tu estrategia de cara al futuro. La empresa media gasta actualmente 379.600 $ al año en esta forma de marketing; una cifra que no para de crecer. ¿Cómo se compara tu presupuesto con esa cifra?

No hay tiempo como el presente

Con todo esto en mente, es hora de ponerse en marcha e invertir algo de tiempo y recursos en tu propia estrategia de marketing de contenidos. Eso significa crear tu propio calendario de marketing de contenidos, escribir entradas de blog con regularidad y luego compartir ese contenido de otros sitios.

Significa tener un gran sitio y blog para empezar con una marca en la que la gente pueda invertir. Significa crear contenidos únicos e interesantes y luego *comercializarlos* como si fueran un producto.

Si haces todo esto y te centras en la calidad, construirás una base de fans rabiosa. Y una vez que lo hayas hecho, ¡empezarás a ver cómo esta gratificante y agradable forma de marketing te reporta *enormes* dividendos!

www.ingramcontent.com/pod-product-compliance
Lightning Source LLC
Chambersburg PA
CBHW070135230526
45472CB00004B/1543